AF279094

CAUTIONNEMENT

DES

JOURNAUX.

Discours prononcé

A LA TRIBUNE DE L'OPINION PUBLIQUE.

~~~~~~~~~~~~~~~~~~~~~~~~~

EXTRAIT

DU MERCURE DE FRANCE AU 19ᵉ SIÈCLE,

T. 31, 9ᵉ LIV.

~~~~~~~~~~~~~~~~~~~~~~~~~

PARIS.

A. BARBIER, IMPRIMEUR-ÉDITEUR,

RUE DES MARAIS S.-G., N. 17.

1830.

M. Charles Romey, qui n'est ni député, ni
électeur, ni éligible, ni même juré, *causá etatis*
(il n'a que vingt-cinq ans!), lors de la proposition Bavoux, s'est avisé de se demander ce qu'il
dirait sur ce sujet s'il avait l'honneur de siéger
parmi nos pères conscrits, et là-dessus il a com-
posé le Discours suivant, tel qu'un député de la
gauche eût pu le prononcer à la tribune. Nous
le donnons ici comme *erratum* de la séance qui
maintint l'inconstitutionnelle mesure du cautionnement des journaux.

CAUTIONNEMENT

DES JOURNAUX.

MESSIEURS,

Qu'est-ce que le cautionnement exigé par la loi de la presse de 1828? Évidemment un moyen préventif, une entrave légale créée pour gêner l'établissement de nombreux journaux, et qui, en restreignant à quelques-uns, sous telles conditions, l'exercice d'un droit reconnu à tous, viole essentiellement dans son esprit comme dans la lettre l'article VII de notre Charte constitutionnelle.

Un principe, plus que jamais incontestable, est que la pensée humaine parlée, écrite ou imprimée, doit pouvoir se manifester en toute liberté et par toutes les voies de publicité que l'homme a créées, sauf les cas où elle causerait en se produisant un dommage public ou privé. Ce dommage, qu'on l'appelle délit ou crime, est seul du domaine de la loi; là se borne son action. Il lui appartient non de prévenir, mais de définir ce qui se fera sur un fait accompli, dans un cas prévu.

La disposition que je combats n'a aucun de ces caractères de la loi. C'est une mesure toute de prévention, et le ministre qui la fit voter ne craignit point de l'avouer lui-même à cette tribune; une mesure qui, par là, est en opposition formelle avec les vrais principes qui doivent présider à la formation de la loi, lesquels désormais ne peuvent plus être ni méconnus ni éludés.

Elle établit en outre une inégalité entre des Français qui, d'une manière différente, exercent un même droit.

Un journal, en effet, n'est autre chose qu'un écrit qu'il me plaît de faire paraître en une feuille et tous les jours plutôt qu'en une brochure ou en un volume. Pourquoi donc distinguerez-vous entre le Français qui publie un journal, et le Français qui publie un livre? Pourquoi soumettrez-vous l'un à une obligation dont l'autre sera dispensé? Il y a là une anomalie. La périodicité de la publication n'y fait rien; la forme, encore moins. Que j'imprime mes opinions tous les matins en une mince feuille de papier ou tous les ans en un gros volume in-8°, c'est une seule et même chose au fond; et la distinction qu'on veut voir entre ces deux modes de publicité, en ce qui concerne l'action législative, est arbitraire et nulle de tout point. On ne peut l'admettre sans injustice, sans violer l'égalité reconnue par l'article sur lequel je me fonde, qui porte : *Les Français ont le droit de publier leurs opinions;* et non : *Ceux des Français qui ont six mille livres de rente,* ou ceux qui remplissent telle autre condition exceptionnelle.......

Pour justifier la loi de 1828, on dira peut-être que le dépôt préalable est une garantie, un gage des amendes qu'on peut avoir à supporter par une condamnation. Il est, je le sens, commode d'avoir sous la main une somme d'argent qui assure au trésor la prompte perception des amendes; mais, à ce compte, il n'est pas de raison pour que vous n'en exigiez autant de tous les citoyens, sous prétexte qu'ils peuvent commettre des délits qui entraîneraient une peine pécuniaire; et nous aurions ainsi à déposer chacun, en argent, le *maximum* des peines de cette nature, auxquelles le Code pénal permet de condamner. Ce ne serait pourtant là qu'une extension du principe du cautionnement des journaux; et voyez, Messieurs, jusqu'où l'absurde nous conduirait avec des législateurs qui sauraient en tirer les dernières conséquences.

On cherchera peut-être des argumens dans une autre sphère d'idées. On fera valoir l'intérêt des spéculateurs, on peindra avec sensibilité la ruine où se précipiteraient beaucoup d'entre eux, si le gouvernement laissait la carrière ouverte à tout le monde. Mais, Messieurs, est-ce là votre affaire? Les spéculateurs, qui jetteront imprudemment leurs capitaux dans ces sortes d'entreprises, s'en tireront comme ils pourront : vous n'avez pas à vous en occuper. Chaque chose d'ailleurs, pour entrer un moment dans cet ordre de considérations, chaque chose a ses inconvéniens inhérens à son existence même. La concurrence a d'immenses avantages pour le public, malgré quelques mécomptes particuliers. Et, après tout, l'expérience est là, avec ses rudes leçons, ses nettes vérités de chiffres, pour corriger les imprudens et rendre chacun plus circonspect. M. Benjamin Constant vous l'a dit avec sa rectitude de raison ordinaire, au sujet d'une proposition qui se lie étroitement à celle qui vous occupe en ce moment : *Le gouvernement n'est pas le tuteur des particuliers;*

l'intérêt personnel s'éclaire par ses fautes, et, croyez-le bien, il n'y persiste pas.

Essayez une fois largement de la liberté. Laissez tout s'établir sur cette grande base, et vous verrez tout solidement s'asseoir et tourner au profit et à la gloire de la nation. Surtout ne craignez point d'émanciper complètement cette presse périodique dont quelques hommes de bonne foi s'effrayent à tort, malgré leurs lumières. Par le libre examen, dans le choc des vœux et des opinions les plus contradictoires, l'esprit public se forme, s'accoutume à saisir le point précis des questions les plus ardues, et atteint un surprenant degré d'élévation, en même temps que la modération, la justice, et une haute moralité entrent dans tous les cœurs : les derniers événemens en sont une éclatante preuve. Puis, une fois ce sentiment des droits et des devoirs enraciné chez le peuple entier, plus rien n'est à craindre. Dans un tel pays, ce qu'on pense peut se dire ; ce qu'on dit peut s'imprimer. La presse, qui a tout fait, y devient à la fois un besoin, un aliment du présent et un moteur des progrès de l'avenir : c'est la spatule de la vestale qui entretenait le feu sacré en le remuant. Aucun danger d'ailleurs : la presse libre se corrige elle-même, éclaire ses propres fautes, et ne devient puissante que parce qu'elle est raisonnable. Dans cet état de choses, les opinions, l'éloge et le blâme, quelle que soit leur forme, sérieuse ou plaisante, n'ont de portée qu'autant qu'ils sont justes et vrais. La raison publique y fait justice de toute folle idée ; et les calomnies, les jugemens légers sur les hommes et sur les choses, y demeurent sans effet, outre qu'on a au besoin pour les réprimer le recours ordinaire aux tribunaux.

Répondrons-nous maintenant à ces reproches éternels, à ces déclamations banales, dont nos oreilles ont été si long-temps importunées, contre la presse et ce qu'on a appelé le journalisme? Que dire de ces vives attaques, si étranges dans la bouche de ceux qui les ont faites, dont les journaux ont été plus récemment l'objet? Pour moi, je l'avouerai, j'ai vainement cherché ce qui a pu motiver ces sorties, et je n'ai pu les attribuer qu'à l'irritabilité de l'amour-propre, qui, comme on sait, ôte le jugement et trouble quelquefois les plus saines raisons; car, en vérité, dans les journaux, du 25 juillet jusqu'à l'heure où je parle, je n'ai vu, je n'ai pu rien voir de vraiment condamnable, rien, au contraire, qui ne témoignât de leur amour de l'ordre, et qui ne fût écrit dans le louable but d'un perfectionnement progressif. Sans doute, ils ont pu exprimer trop vivement quelques répugnances, regretter que d'heureux changemens ne se fissent pas plus vite, quand cela se pouvait, et gourmander un peu rudement les esprits stationnaires que le mouvement épouvante, et les temporiseurs à contre-temps, qui ont ou peu s'en faut compromis les résultats de notre glorieuse révolution; mais en cela, qu'ont-ils été autre chose que les truchemens du public, la fidèle expression de la société? Ce ne sont pas eux, comme on les en accuse, qui ont porté l'agitation dans la société; c'est l'agitation de la société qui s'est manifestée par eux. On a pris la chose au rebours : il est temps enfin de perdre l'habitude singulière et si commune d'attribuer la cause à l'effet. — Mais quoi! après la violente secousse de juillet vous vous étonnez de quelque agitation? Vous voudriez que tout rentrât dans un calme parfait? Faites donc que le drapeau que nous avons déployé au front de nos palais ne flotte plus au vent! C'est bien à tort, au reste, qu'on s'alarmerait de cette agitation; c'est la vie des peuples libres: elle est salutaire; et sans ce stimulant qui nous vient du dehors, nous-mêmes, Messieurs, nous aurions moins fait. Nous lui devons, de n'être pas restés de beaucoup en arrière du point où les circonstances ont porté la nation. Je ne puis le dissimuler, il eût été même à désirer que la voix qui nous criait : Marche! eût été plus souvent écoutée. Nous aurions mis moins de lenteur dans nos actes, plus de bien serait maintenant accompli; nos noms aussi seraient plus populaires; nous avons nous-mêmes, si j'ose le dire, réprimé l'élan national qui avait été d'abord si franchement pour nous. Cela, Messieurs, justifie ou du moins excuse la vivacité des attaques dirigées, depuis près de deux mois, contre cette Chambre. Et comment ne pas en reconnaître en quelques points la justice! Nous sommes-nous, en effet, assez empressés de faire droit aux raisonnables exigences du temps? La Chambre est-elle allée assez vite au devant de certaines nécessités impérieuses? Et n'est-il pas des besoins que nous aurions dû sur-le-champ satisfaire, des mesures de haute organisation que, dès les premiers jours d'août, lorsque tout était si facile, nous aurions dû et pu prendre? En bonne foi, dans combien de choses n'avons-nous pas été prévenus par la voix publique? Fallait-il attendre, par exemple, les attroupemens des ouvriers imprimeurs, pour engager la question du monopole de l'imprimerie et provoquer la suppression de ces absurdes priviléges qui finiraient, si l'on n'y prenait garde, par féodaliser en quelque sorte l'industrie qui ne vit que de liberté et ne profite aux peuples que par la concurrence? Ces brevets, qui investissent arbitrairement quelques hommes du droit d'exploiter une industrie qui appartient à tous, sous de simples conditions de police, il eût fallu s'occuper de les supprimer tout d'abord; car c'est leur conservation seule qui a fourni un prétexte de quelque valeur à ces mouvemens qui ont affligé la capitale il y a un mois, et qui seule a empêché des esprits d'une logique austère de condamner énergiquement, comme ils l'eussent fait sans cela, l'entreprise illibérale et inique des ouvriers coalisés. En tout, Messieurs, je l'ai vu non sans peine, nous nous sommes laissé devancer par l'opinion du dehors. Et maintenant encore, que tardons-nous, conformément à l'ordonnance qui érige le Panthéon en sanctuaire national pour nos grands hommes en tous les genres, que tardons-nous d'y appeler les bustes vénérés de ceux de nos grands citoyens auxquels la reconnaissance de la patrie se sent plus pressée de décerner ces immortels honneurs? Je le dis à regret, tout laisse à désirer; et vainement objectera-t-on que le temps nous manque : nos séances ne me paraissent pas si bien remplies, ni par de si importantes délibérations, qu'on ne pût en consacrer les heures à de plus utiles travaux. Que voulons-nous, Messieurs? J'éprouve quelque embarras à le bien définir. A juger d'après nos actes, je ne sais; mais si je considère la droiture de vos intentions, nul doute que vous ne vouliez le plus grand bien du pays, et le développement entier de nos institutions. Vous n'êtes pas de ces hommes dont la vue se trouble au moindre éclat, et qui s'effraient au plus léger bruit de la marche d'un peuple. Ce n'est pas à vous qu'il faut peindre les heureux effets de ces communications intellectuelles qui portent en quelques jours les mêmes faits à la connaissance de tout un pays, et font simultanément penser, sur un même objet, des milliers d'esprits qui s'entendent malgré les distances, et finissent par s'unir, après mûr examen, dans une communauté d'idées justes et de nobles sentimens. Admirable création des temps modernes, qui rend à jamais impossible le retour de la barbarie et assure, en les étendant chaque jour davantage, les conquêtes de la civilisation, dont nous sommes loin encore, malgré notre orgueil, d'avoir atteint le dernier terme possible! Tendons vers cet honorable but par la liberté. La liberté, vous le savez, est le principe vivifiant des sociétés nouvelles, la mère des miracles. Laissez-lui porter tous ses fruits sur notre heureuse terre, qu'elle y croisse, non pas dans une serre - chaude pour le plaisir d'un petit nombre d'amateurs, mais en plein vent, au soleil, et pour tous!

Votre sagesse ne retardera pas plus long-temps les mesures libérales qui seules peuvent ramener le bien-être et faire régner l'harmonie en toutes choses dans notre belle patrie. La presse vous demande son émancipation bien méritée par ses derniers services. Laisserez-vous encore dans la lourde et accablante chaîne de la fiscalité, les instrumens les plus actifs de notre avancement moral? Non, Messieurs, j'aime à le penser; brisez d'un coup l'insupportable entrave des cautionnemens, et n'arrêtez pas, par une décision qui ferait peu d'honneur à vos lumières, et qui, au reste, tournerait tôt ou tard à notre honte, ce mouvement universel qui emporte les nations vers des destinées meilleures que la presse a dès long-temps préparées, et si merveilleusement hâtées de nos jours.

Je ne dis plus qu'un mot :

Nous avons apporté d'heureuses réformes à la Charte

de la restauration d'une famille; nous en avons fait une Charte digne de notre patriotique restauration.

Ces réformes ne peuvent rester stériles. Prouvez, Messieurs, que vous ne le voulez pas.

Je demande que vous déclariez que la disposition de loi, qui ordonne un dépôt préalable, pour quiconque veut publier un journal, est abrogée.

Si, contre mon attente, vous conserviez l'inique cautionnement, même réduit d'un dixième, un article tout entier du pacte fondamental serait une déception.

Il faut, Messieurs, que les paroles du roi des Français, de notre cher et libéral monarque, s'accomplissent de tout point, et que la Charte soit bien définitivement, une fois pour toutes, une vérité.

CH. ROMEY.

Sept. 1830.

IMPRIMERIE DE A. BARBIER, RUE DES MARAIS S.-G., N. 17.

Prix de la souscription au MERCURE DE FRANCE :

PARIS.	Pour 1 vol.	15 fr. » c.
	Pour 2 vol.	28 »
	Pour 4 vol.	50 »
DÉPARTEMENS.	Pour 1 vol.	16 50
	Pour 2 vol.	31 »
	Pour 4 vol.	56 »
ÉTRANGER.	Pour 1 vol	18 »
	Pour 2 vol	34 »
	Pour 4 vol	62 »

Il paraît tous les samedis trois feuilles d'impression. Treize livraisons forment un volume.

A PARIS,

CHEZ A. BARBIER, IMPRIMEUR-ÉDITEUR,
RUE DES MARAIS S.-G., N. 17.

www.ingramcontent.com/pod-product-compliance
Lightning Source LLC
Chambersburg PA
CBHW071645030726
47598CB00005B/2016